Le bibliobus

CP/CE1
cycle 2

Cahier d'activités

Pascal Dupont
Formateur à l'IUFM Midi-Pyrénées
Sylvie Mangeot
EMF

Parcours de lecture

de 4 œuvres littéraires

Les trois boucs
Conte populaire norvégien

Henri tête-en-l'air
de Christel Desmoinaux

Les blagues de Toto
de Thierry Coppée

Ouh ! La menteuse !
de Leslie Bedos

W0321121

HACHETTE
Éducation

AVANT-PROPOS

Ce cahier comporte un ensemble d'activités destinées à accompagner les élèves dans la découverte, la compréhension et les émotions des œuvres complètes du recueil **Le bibliobus cycle 2**.
Il propose des parcours organisés de lecture permettant de lire et comprendre, lire et dire, lire et écrire. Les différentes parties de ces parcours correspondent à un découpage des textes en unités de sens.
Dans le livre, **Le Bibliobus cycle 2**, ce découpage n'est pas marqué formellement. Simplement, comme dans un album, l'alternance entre texte et illustration permet des arrêts de la lecture linéaire pour susciter curiosité et questionnement, favoriser l'anticipation, donner envie de connaître la suite.
Selon le moment de l'année, les textes seront racontés à voix haute par l'enseignant ou lus en autonomie par les élèves. Les textes sont abordés à travers des types d'activités variées afin d'éviter la lassitude d'exercices répétitifs et de soutenir l'appétit de lecture. Celles-ci visent à développer des compétences spécifiques dans le domaine de la maîtrise des langages notamment en ce qui concerne la compréhension.
Dans le cahier d'activités, l'enseignant trouvera les entrées suivantes. Elles sont précédées de consignes simples et accessibles pour guider les élèves.

DÉCOUVRIR : À partir de la couverture et du texte de quatrième de couverture, les élèves, avant de lire l'histoire, émettent des hypothèses, relèvent des indices sur le récit.

LIRE ET DIRE : Des fragments de texte sont sélectionnés afin d'être lus à haute voix par les élèves. Ils s'entraînent à dire un texte en en donnant une interprétation. Ils mémorisent un passage utilisé dans d'autres activités.

LE TEXTE A LA LOUPE : Les élèves répondent oralement à un questionnement qui les aide à construire une représentation claire du texte : De qui ou de quoi parle ce texte ? Qu'est-ce qu'il dit ? À travers les activités proposées, les élèves retrouvent des informations implicites, constituent des réseaux de signification, sont amenés à porter leur attention sur un type de personnage, ses motivations, la structure du texte, la façon dont est racontée l'histoire...

ISBN : 2.01.11.6509.1

www.hachette-education.com

JEU DE MOTS : Les élèves découvrent le fonctionnement de la langue et réfléchissent sur son utilisation. Ils s'entraînent à manipuler différents types d'unités, transforment des phrases, classent des mots...

EN DÉBAT : Les élèves reformulent avec leurs propres mots le texte entendu ou lu, sélectionnent les informations importantes, construisent une représentation claire de l'histoire. À travers le débat, ils peuvent mettre à l'épreuve leur interprétation, relier leur lecture à des expériences personnelles.

AU FIL DU STYLO : La lecture d'un texte est indissociable de son appropriation par l'écriture. Les élèves peuvent trouver de nombreux points de départ d'activités d'écriture dans leurs lectures : prolonger un texte, ajouter un épisode ou un dialogue, réécrire un passage. La lecture vient nourrir l'écriture et l'imaginaire des élèves, l'écriture leur permet de porter un regard plus approfondi sur le texte.

DES TEXTES EN RÉSEAUX : Les élèves, en confrontant un texte qu'ils viennent d'écouter ou de lire aux extraits d'autres textes, adoptent un comportement de lecture spécifique qui les conduit à rechercher des analogies et des résonances, repérer des modes de fonctionnement particuliers, découvrir d'autres aspects du texte source. Peu à peu, ils construisent et structurent leur culture.

DOCS EN STOCK : Les élèves recherchent dans le document proposé des informations simples. Le récit est mis en relation avec des connaissances et la réalité, le domaine de la maîtrise du langage avec celui de la découverte du monde.

ÉVALUATION : Une courte évaluation, sous une forme ludique, est proposée pour vérifier la compréhension des élèves.

Le **cahier d'activités Bibliobus** constitue pour l'enseignant un outil qui permet la mise en œuvre concrète des **programmes 2002**. Il complète efficacement un manuel de lecture en donnant toute sa place au domaine de la compréhension en lecture et à la construction d'une **culture littéraire au cycle 2**. Il offre aux élèves des entrées diversifiées dans les textes afin de développer leurs compétences de jeunes lecteurs et de renouveler leur plaisir d'écouter et de lire des histoires.

Pascal Dupont
Formateur à l'IUFM Midi-Pyrénées

Date : ....

Les trois boucs

pp. 5-26

Je découvre l'histoire

1 Découpe les personnages pour reconstituer la **couverture** (étiquettes page 59).

Conte populaire norvégien

Les trois boucs

Illustré par Christian Kingue Epanya

2 Colorie le **titre** de l'histoire.

| Les trois petits cochons | Les trois ours | Les trois boucs |
| Les trois loups | Les trois brigands | |

3 Nomme les **personnages** (étiquettes page 59).

Je joue avec les mots

1 Complète les mots avec **ou** et avec **oi**.

Il était une f.........s tr.........s b.........cs : Petit B.........c, Moyen B.........c, et Grand B.........c.

2 Qui dit quoi ? Écris le **nom** de chaque personnage qui parle.

.... : De l'autre côté de la rivière, l'herbe est verte.

.... : Je ne suis ni gros, ni maigre.

.... : Qui va là ?

.... : Je suis grand et fort.

3 Lis les mots et relie les mots de **sens contraires**.

petit • • léger • long

court • • lourd • vide

grand • • plein

J'écris

Tu vas écrire une **nouvelle histoire** avec trois animaux.

1 Choisis un animal : ....

2 Écris le **début** de l'histoire.

Les trois ....

Il était une fois trois ....

Petit...

Moyen...

Et Grand...

Ils vivaient heureux près...

Un jour...

....

3 Dessine une **fin**.

Je prends la parole

EN DÉBAT

❶ Quelle raison donne Petit Bouc au troll pour ne pas se faire manger ?

❷ Quelle raison donne Moyen Bouc au troll pour ne pas se faire manger ?

❸ Pourquoi le troll les laisse-t-il passer tous les deux ?

❹ Relie ce qui correspond à l'histoire.

Le troll est très •

- • rusé
- • méchant
- • intelligent
- • bête
- • gentil

❺ Relis la page 13 de ton livre, dessine ton troll, puis décris-le à tes camarades.

Je découvre le monde

Bon appétit !

Le cresson alénois en semis ♣

Le matériel
- de la terre fine
- un sachet de graines de cresson alénois
- une cagette en bois
- une petite feuille de plastique
- un vaporisateur
- une paire de ciseaux
- une cuillère

Pose la feuille de plastique sur le fond de la cagette. Recouvre-la de terre très fine. Vaporise de l'eau pour qu'elle soit bien humide. Sème les graines en les répartissant bien sur toute la surface de la terre. Vaporise bien à nouveau. Vaporise tous les jours pour maintenir la terre humide.

Tes graines vont lever en trois jours. Laisse la cagette à la lumière.

Au bout d'une semaine, récolte les tiges en les coupant aux ciseaux, sans prendre de terre.

Rince-les avant de les placer sur des tartines de fromage blanc ou de beurre salé.

36

Tous au jardin, Marion Faver, photographies de Bernard Maltaverne, Coll. « Les Petits Chefs », Hachette Jeunesse, © Hachette Livre

Date : ……………………………………………………

As-tu toi aussi très faim comme les trois boucs ?

1 Que vas-tu planter ?

2 Pour quoi faire ?

3 Numérote les dessins pour remettre les actions en ordre :

☐ Terre versée ☐ cageot arrosé ☐ graines semées

☐ cagette et film plastique ☐ petites pousses

4 Au bout de combien de temps vas-tu pouvoir récolter les tiges ?

5 Attention ! Que dois-tu faire avant de les manger ?

DES TEXTES EN RÉSEAUX

Je lis aussi

- Texte 1

Trois petits cochons

Il était une fois trois petits cochons qui s'ennuyaient à la ferme. Ils voulaient avoir leur maison à eux. Mais chacun voulait la construire à son idée.

– Moi, je la voudrais comme ci.

– Moi, je la voudrais comme ça.

– Et moi, comme ci et comme ça.

Ils n'arrivaient pas à se mettre d'accord.

– Eh bien ! dit le plus jeune, partons chacun de notre côté ; nous verrons qui de nous trois fera la plus jolie maison.

Trois Petits cochons, raconté par Paul François d'après la tradition, Castor Poche Flammarion.

1 Coche la réponse qui convient.
Les trois petits cochons :

☐ s'amusent beaucoup ☐ s'ennuient ☐ se sauvent

2 Que veulent-ils faire ?

3 Dans la suite de l'histoire, te rappelles-tu qui ils vont rencontrer ?

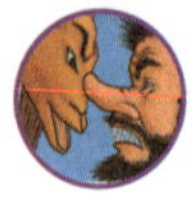

Je lis aussi

• Texte 2

Les trois petits loups et le grand méchant cochon

Il était une fois trois petits loups doux et câlins comme tout. Ils avaient la fourrure soyeuse, la queue duveteuse, et vivaient avec leur maman. Le premier était noir, le deuxième gris et le troisième blanc.
Un jour, la maman appela ses trois petits loups et leur dit :
– Mes petits loups, vous êtes grands, il faut partir découvrir le vaste monde. Il faut vous construire une maison bien à vous. Mais surtout méfiez-vous du Grand Méchant Cochon.
– Ne t'inquiète pas, maman, nous allons faire très attention, répondirent les trois petits loups.
Et ils partirent.

Les trois petits loups et le Grand Méchant Cochon, texte d'Eugène Trivizas, éditions Bayard.

1 De qui les trois petits loups doivent-ils se méfier ?

2 Qu'est-ce qu'il y a de différent entre cette histoire et celle des trois petits cochons ?

3 Qu'est-ce qu'il y a de différent ?

Date : ....

Vrai ou faux ?

Coche la bonne réponse.

	V	F
1. Les héros sont trois boucs.	❒	❒
2. Les trois boucs ont très soif.	❒	❒
3. Les trois boucs ont très faim.	❒	❒
4. Les trois boucs veulent traverser la rivière.	❒	❒
5. Les trois boucs prennent un bateau.	❒	❒
6. Il y a un troll sous le pont.	❒	❒
7. Le troll veut manger les boucs.	❒	❒
8. Le grand bouc a peur du troll.	❒	❒
9. Le troll est très bête.	❒	❒
10. Le troll bascule dans la rivière.	❒	❒

Date : ....

Henri tête-en-l'air

pp. 27-56

Je découvre l'histoire

1 Recopie le **titre** de l'histoire.

....

2 Observe **l'illustration** de la couverture et retrouve-la dans l'histoire. Indique le numéro de la page où tu l'as trouvée.

....

3 Entoure en bleu sur la couverture le **personnage principal** de l'histoire. Que fait-il ?

....

....

....

4 Que signifie « être tête en l'air » ?

....

Je lis et je dis

1 Relis ce passage à **haute voix**.

> Et le voici qui s'envole,
> Par la fenêtre de l'école !
> « C'est affreux se désole l'instituteur.
> Nous ne le reverrons jamais, j'en ai peur !

2 Entoure en rouge le dernier mot de chaque ligne de l'extrait.
Que remarques-tu ?

....

3 Trouve dans l'histoire d'autres passages où tu remarques la même chose. Indique les numéros des pages où tu les as trouvés.

....

4 Relie les lignes qui se suivent et indique le **son répété** en fin de ligne.

		Son répété
En attendant leurs cris, •	• surtout quand il a faim.	....
On t'aime beaucoup ! •	• jolie petite tête en l'air.	....
Tu es extraordinaire, •	• Henri est tout surpris.	....
Le chat Groscâlin, •	• Reviens vite vers nous !	....

Je comprends

LE TEXTE À LA LOUPE

1 Colle les étiquettes (page 61) qui illustrent le texte, explique ta réponse.

Henri est un étourdi.

....

....

....

Henri oublie ce qu'on lui dit.

....

....

....

Henri fait toujours tout à l'envers.

....

....

....

2 Colle les étiquettes qui correspondent et indique ce qui est **vrai** et ce qui est **faux**.

Avant	Après	Maintenant	V	F
		Henri apprend ses leçons.	❐	❐
		Les autres élèves aident Henri.	❐	❐
		Henri récite ses leçons à sa manière.	❐	❐
		Henri ne perd plus ses affaires.	❐	❐
		Henri met son cartable à l'endroit.	❐	❐
		Les autres élèves ramassent ses affaires.	❐	❐
		Henri n'oublie plus sa monnaie.	❐	❐
		Le boucher apporte le paquet d'Henri.	❐	❐
		Henri n'oublie plus rien.	❐	❐

J'écris

AU FIL DU STYLO

1 Qu'est-ce qu'Henri pourrait rencontrer d'autre dans les airs ?

....

Henri vole avec les oiseaux. Maintenant, il est follement heureux de ne pas avoir les pieds sur terre et d'être, pour de bon, tête en l'air !

follement : extrêmement

pour de bon : vraiment

2 Écris une page de plus pour cette histoire en imaginant ce qu'Henri fait dans les airs.

Henri vole avec ....

Il ....

....

....

....

....

....

....

3 Dessine ton histoire.

Je joue avec les mots

1 Relie les expressions à leur **définition**.

Avoir la tête en l'air •	• Crier très fort
Avoir la tête dans les nuages •	• Devenir fou
Crier à tue-tête •	• Etre étourdi
Faire la tête de cochon •	• Se tracasser
Perdre la tête •	• Etre en train de rêver
Se prendre la tête •	• Etre têtu

2 Dessine.

Henri tête de cochon

Henri à la grosse tête

3 Complète ces expressions avec une des parties suivantes du corps :

bouche – dents – nez – oreille – langue – yeux

Avoir les .... en face des trous.

Avoir l'eau à la ....

Faire la sourde ....

Gagner les doigts dans le ....

Claquer des ....

Avoir un cheveu sur la ....

Je prends la parole

EN DÉBAT

1 Pour chaque illustration explique ce qui peut faire de la peine à Henri.

Illustration 1

Illustration 2

Illustration 3

Illustration 1 : ....

Illustration 2 : ....

Illustration 3 : ....

2 Trouve d'autres exemples.

	Ce qui le rend triste	Ce qui le rend heureux
À la maison	....	....
En classe	....	....
En récréation	....	....

Je lis aussi

Le vilain petit canard

Maman cane couve ses œufs.
Un soir, elle entend de petits
crac, crac, crac.
Et les canetons sortent des œufs.
Coin, coin, coin !
Plus tard, elle entend
encore un petit crac,
Mais pas de
« coin, coin, coin ! ».
C'est un vilain petit canard.

Il est tout seul sur la mare,
les autres se moquent de lui.
Hou, hou, hou !
Et il pleure dans la nuit.

Doucement, au fil des saisons,
notre vilain caneton
se transforme en un cygne magnifique.
Il est maintenant beau comme un roi,
et, pour la première fois,
tout le monde l'admire.
Oh !

Contes et comptines, Maryvonne Letourneur,
Sébastien Pelon, éditions Bayard.

Date : ....

Henri tête-en-l'air

1 Pourquoi les canetons se moquent-ils du dernier petit canard ?

....

2 Que fait le vilain petit canard ?

....

3 Que se passe-t-il à la fin de l'histoire ?

....

4 Quels sont les points communs avec l'histoire d'Henri ?

....

....

5 Dessine le vilain caneton, puis le beau cygne qu'il est devenu.

Avant	Après

Date : ....

Henri
tête-en-l'air

DOCS EN STOCK

Je découvre le monde

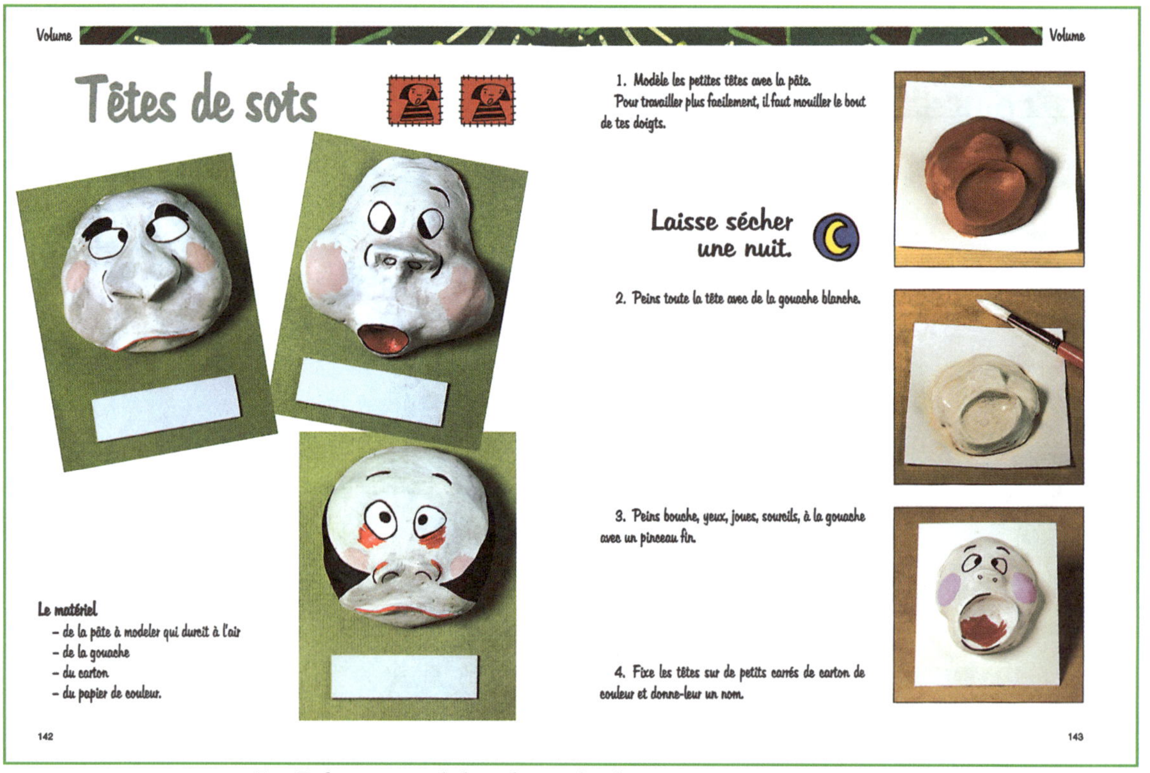
Volume

Volume

Têtes de sots

1. Modèle les petites têtes avec la pâte.
Pour travailler plus facilement, il faut mouiller le bout de tes doigts.

Laisse sécher une nuit.

2. Peins toute la tête avec de la gouache blanche.

3. Peins bouche, yeux, joues, sourcils, à la gouache avec un pinceau fin.

4. Fixe les têtes sur de petits carrés de carton de couleur et donne-leur un nom.

Le matériel
- de la pâte à modeler qui durcit à l'air
- de la gouache
- du carton
- du papier de couleur.

142

143

Les Enfants aiment le bricolage créatif, Dany Bauman, Anne Werey, photos de Jean-Luc Syren et Valérie Moritz, dessins de Nathalie Schott, ©Éditions S. A. E. P.

1 De quel type de texte s'agit-il ?

....

2 Donne un nom à chacune des têtes.

Tête 1 : ....

Tête 2 : ....

Tête 3 : ....

Date : ....

Vrai ou faux ?

Coche la bonne réponse.

	V	F
1. Henri oublie ses leçons.	❐	❐
2. Henri n'écoute pas sa maman.	❐	❐
3. Henri met son cartable à l'envers.	❐	❐
4. Henri n'aime pas le boucher.	❐	❐
5. Henri est un bon élève.	❐	❐
6. Henri s'envole par la fenêtre de la boucherie.	❐	❐
7. Henri vole dans le ciel.	❐	❐
8. Tout le monde veut qu'il revienne.	❐	❐
9. Henri est un champion au football.	❐	❐
10. À la fin de l'histoire, Henri n'est plus étourdi.	❐	❐

Date : ....

Les blagues de Toto

pp. 57-68

Je découvre l'histoire

1 Complète la **fiche de présentation** du livre.

Titre : ....

Auteur : ....

Éditeur : ....

2 Quel est le **nom** du héros ?

....

3 Montre le héros par une flèche sur la **couverture** ci-dessus.

4 Dessine-le comme sur la couverture.

5 À quoi reconnaît-on que c'est bien le héros ?

....

Je lis et je dis

LIRE ET DIRE

1 Colorie les bulles de la même couleur que le personnage qui la dit.

Le papa de Toto	Toto	Un(e) camarade de Toto	Un autre adulte

SALUT, FISTON ÇA BOUME ?

OUI, J'AI VU !

LALALA LAAAA LALALA LAAAAA

ALORS QUAND NOUS SERONS GRANDS, TU TE MARIERAS AVEC MOI. D'ACCORD ?

MERCI, TOTO. TU PEUX TE RELEVER !

TU AVAIS RAISON, FISTON, C'EST UN BATEAU !

DIS, BON-PAPA, C'EST QUOI CES PETITES BOULES ??

2 Relis la page 59 de l'histoire. Quels sont les personnages ?

....

3 Lis cette histoire en changeant de voix à chaque personnage et en mettant le ton.

Date : ....

Je comprends

LE TEXTE À LA LOUPE

1 **Combien de blagues différentes comptes-tu ?** ....

2 **Écris le titre des deux blagues que tu as préférées.**

....

3 **Comment appelle t-on ce type d'histoire ? Souligne la bonne réponse.**

une bande dessinée — un roman-photo — un journal

un roman — un magazine — un documentaire

4 **Complète en t'aidant du lexique.**

• ....

• ....

• ....

• ....

• ....

Lexique

Idéogramme : petit signe dessiné pour montrer ce que pense ou ressent un personnage. **Onomatopée :** écriture d'un bruit, d'un son ou d'un cri. **Planche :** page entière d'une bande dessinée. **Vignette :** une case dessinée de la planche. **Bulle :** espace dans lequel on écrit ce que disent les personnages.

Je joue avec les mots

JEU DE MOTS

Aide-toi du lexique de la page précédente.

1 Voici des mots relevés dans les blagues que tu viens de lire :

bouhou snif gloups

Comment appelle-t-on ces mots ? ....

À quoi servent-ils ?

....

Cherches-en d'autres dans les pages de l'histoire.

....

Inventes-en un et indique ce qu'il signifie.

....

....

2 Un **yacht** se prononce « yaut » (page 60 de ton livre). Certains mots ne se prononcent pas comme ils s'écrivent. Lis à haute voix :

un monsieur il faisait une chorale une seconde

Entoure dans ces mots ce que l'on ne prononce pas de la même façon que d'habitude.

J'écris

Tu vas dessiner une planche d'une nouvelle blague de Toto.
Voici cette nouvelle blague.

> La famille de Toto est à table. Toto mange salement.
> LE PÈRE : Tu manges vraiment comme un goret !
> TOTO : Hein ?
> LE PÈRE : Tu sais ce que c'est au moins un goret ?
> TOTO : Oui, c'est le fils du cochon, papa !

Organise cette histoire en planche de bande dessinée.

Je prends la parole

EN DÉBAT

1 Que penses-tu du personnage de Toto ? Complète le tableau.

Il est	Oui/Non	Justifie ta réponse
drôle	....	....
bête	....	....
malin	....	....
intelligent	....	....
impoli	....	....

2 Que penses-tu de ces blagues ? Entoure ce que tu choisis.

Elles sont : drôles – compliquées – bien dessinées – pas drôles – simples – mal dessinées

Elles sont écrites pour : tous les enfants – que les garçons – que les filles – les adultes – toute la famille

3 Connais-tu d'autres personnages de bandes dessinées qui font des blagues ? Cite-les.

....

DOCS EN STOCK

Je découvre le monde

bissextile (ADJECTIF)
Qui a un mois de février de 29 jours au lieu de 28. *L'année **bissextile** a 366 jours ; elle revient tous les 4 ans.*

bizarre (ADJECTIF)
Surprenant ou anormal. *La voiture ne va pas tarder à tomber en panne : le moteur fait un bruit **bizarre**.*
(On dit aussi **étrange**.)

une **blague** (NOM)
1. Histoire inventée. *Odile adore raconter des **blagues** pour faire rire ses amies.*
2. Farce. *Quentin a caché les lunettes de grand-père : c'est une **blague** stupide.*

blanc (ADJECTIF ET NOM)
1. Qui a la couleur de la neige ou du lait. *La vieille dame avait les cheveux **blancs**.*
2. **Le blanc :** la couleur blanche. *Romain mélange le **blanc** et le rouge pour faire du rose.*
➜ Regarde page 134 : **les couleurs**.
3. **Blanc d'œuf :** partie de l'œuf qui entoure le jaune.

la **blancheur** (NOM)
Couleur blanche. *La neige au soleil est d'une **blancheur** éclatante.*

blanchir (VERBE)
Devenir blanc. *Nos cheveux **blanchissent** quand nous vieillissons.*

le **blé** (NOM)
Céréale qui sert à faire de la farine. *Ce pain est fait avec de la farine de **blé**.*
➜ Regarde page 203 : **les épis**.

un **blessé** (NOM)
Personne qui a reçu une blessure. *L'accident de voiture a fait plusieurs **blessés**.*

blesser (VERBE)
Causer une blessure. *Thomas **s'est blessé** au coude en tombant de l'arbre.*

une **blessure** (NOM)
Ce qui abîme une partie de notre corps. *Les coupures, les brûlures, les fractures sont des **blessures**.*

bleu (ADJECTIF ET NOM)
1. Qui a la couleur du ciel quand il fait beau. *Sarah a apporté un bouquet d'iris **bleus** de son jardin.*
2. **Le bleu :** la couleur bleue. *Le **bleu** est la première couleur du drapeau français.*
➜ Regarde page 134 : **les couleurs**.
3. **Un bleu :** marque qui apparaît sur la peau quand on reçoit un coup. *Anna s'est fait **un bleu** en se cognant contre la table.*

un **bleuet** (NOM)
Fleur des champs de couleur bleue.

un **bloc** (NOM)
Gros morceau de matière dure. *La route est barrée par un gros **bloc** de pierre qui est tombé de la montagne.*

un **bloc-notes** (NOM)
Ensemble de feuilles de papier qu'on peut détacher. *Écris le message sur le **bloc-notes** qui est près du téléphone.*
▶ Un bloc-notes, des blocs-notes.

blond (ADJECTIF)
Qui a les cheveux jaune clair. *Fatima est brune et Élodie est **blonde**.*

bloquer (VERBE)
Empêcher une chose de bouger. *On ne peut plus ouvrir la fenêtre : elle **est bloquée**.*

se **blottir** (VERBE)
Se mettre en boule en repliant ses membres près du corps.

une **blouse** (NOM)
Vêtement long qu'on porte par-dessus ses autres vêtements pour les protéger. *L'infirmière porte une **blouse** blanche.*

un **blouson** (NOM)
Veste courte, resserrée à la taille. *Le cousin de Benjamin porte un **blouson** de cuir pour faire de la moto.*

un **boa** (NOM)
Très grand serpent. *Le **boa** étouffe ses proies en les serrant.*
➜ Regarde page 480 : **les serpents**.

une **bobine** (NOM)
Cylindre qui sert à enrouler un fil ou un ruban. *Il me faudrait une aiguille et une **bobine** de fil pour recoudre ce bouton.*

un **bocal** (NOM)
Récipient à large goulot. *Maman fait des conserves de fruits qu'elle met dans des **bocaux**.*
▶ Un bocal, des bocaux.

un **bœuf** (NOM)
1. Taureau qu'on a opéré et qui ne peut pas faire de petits. *Autrefois, on se servait des **bœufs** pour tirer les charrues dans les champs.*
2. Viande du bœuf. *À la boucherie, maman a acheté une côte de **bœuf** pour la faire cuire au barbecue.*
➜ Bœuf se prononce [bœf], mais au pluriel on prononce [bø] : regarde page 12.

la **bogue** (NOM)
Enveloppe dure de la châtaigne, qui porte des piquants.
➜ Regarde page 105 : **la châtaigne**.

Le chiot **se blottit** contre sa mère.

boire (VERBE)
Avaler un liquide. *Clément **boit** un grand verre d'eau.*
▶ Je bois, nous buvons, il a bu.

le **bois** (NOM)
1. Matière dure qui forme le tronc et les branches des arbres. *Le **bois** sert à faire des meubles et des objets de toutes sortes.*
2. Endroit couvert d'arbres. *En automne, nous allons ramasser des champignons dans les **bois**.*
➜ Regarde page 386 : **le paysage**.
3. **Les bois :** les cornes du cerf, de l'élan ou du renne.

une **boisson** (NOM)
Liquide que l'on boit. *Par cette chaleur, les enfants ont envie de **boissons** fraîches.*

une **boîte** (NOM)
1. Récipient en carton, en bois, en fer ou en plastique. *Ce n'est pas facile d'ouvrir cette **boîte** de conserve.*
➜ Regarde page 370 : **les outils**.
2. **Boîte aux lettres :** boîte servant à déposer du courrier.
➜ Regarde page 320 : **la maison**.

? Dans cette double page se trouvent 2 des 3 couleurs du drapeau français. Lesquelles ?

a **b** c d e f g h i j k l m n o p q r s t u v w x y z

Dictionnaire Hachette Benjamin CP-CE, Hachette Éducation, © Hachette Livre.

Date : ....

1 De quel **type de document** s'agit-il ?

....

2 À quoi sert-il ?

....

3 Retrouve et entoure le mot **blague** sur le document.

4 Trouve deux mots qui pourraient remplacer le mot **blague**.

....

....

5 Réponds à la question posée en bas du document.

....

Je lis aussi

« Gag-à-bulles », Ric et Chicco, *Pif Gadget n°9*, © Pif Éditions.

1 S'agit-il d'une bande dessinée ?

....

2 Que faut-il faire ?

....

....

....

....

3 Essaie de le faire.

ÉVALUER

Date : ....

Vrai ou faux ?

Coche la bonne réponse.

	V	F
1. Toto est un enfant.	☐	☐
2. Toto est un bon élève.	☐	☐
3. Toto fait beaucoup de bêtises.	☐	☐
4. Cette histoire est une bande dessinée.	☐	☐
5. Dans une bande dessinée, chaque dessin s'appelle une vignette.	☐	☐
6. Dans cette histoire, il y a plusieurs histoires.	☐	☐
7. La mamie de Toto a mangé un escargot.	☐	☐
8. La maman de Toto a marché dans une bouse de vache.	☐	☐
9. Toto fait très bien du vélo.	☐	☐
10. Il existe d'autres histoires de Toto.	☐	☐

Date : ....

Ouh ! La menteuse !

partie 1
pp. 69-93

Je découvre l'histoire

Margot n'arrête pas d'inventer des histoires. Mais cela ne plaît décidément ni à ses parents, ni à sa maîtresse. Un matin, Margot hurle qu'elle ne se sent pas bien du tout. Va-t-on la croire cette fois-ci ?

7 ans et +

1 Observe la **couverture**. Qui est le **personnage principal** de l'histoire ?

....

2 Quel est le nom de l'**auteur** ? ....

Quel est le nom de l'**illustrateur** ? ....

3 Que semble t-il arriver à la petite fille ?

....

4 Qui peut lire cette histoire ?

....

Date : ....

Je lis et je dis

« Arrête de raconter n'importe quoi ! » a hurlé le papa de Margot très embêté.
« Laisse ta cousine tranquille ! » a hurlé maman encore plus mal à l'aise.
Même Mamie, qui ne crie pas souvent, l'a prise dans un coin pour lui parler :
« Tu sais, ma chérie, les enfants qui ont beaucoup d'imagination, c'est très bien, mais là, tu commences vraiment à exagérer. »

1 Combien de **personnages** parlent dans cet extrait ?

....

2 Qui sont-ils ?

....

3 Qu'est-ce qui indique que les personnages parlent ?

....

4 Lis ce passage en changeant de **voix** pour chaque personnage et en adoptant le **ton** qui convient.

Je comprends

1 Vrai ou faux ? Lis chacune des phrases suivantes et coche la réponse qui convient.

	V	F
Margot adore inventer des histoires.	❐	❐
Une petite fille a disparu de l'école avec une corde à sauter.	❐	❐
Le papa et la maman de Margot ne croient pas un mot à ses histoires.	❐	❐
Un élève a été emmené d'urgence à l'hôpital parce qu'il avait cassé un radiateur.	❐	❐
Lola la cousine de Margot croit toujours les histoires de Margot.	❐	❐

2 Entoure la bonne réponse.

La maman de Lola est fâchée parce que :
- Margot a frappé Lola.
- Lola invente des histoires.
- Margot raconte des histoires à Lola.

La mamie de Margot a :
- hurlé après Lola.
- offert des bonbons à Lola.
- demandé à Lola de ne plus mentir.

Les parents de Lola reçoivent une lettre de :
- l'hôpital.
- l'école.
- la pharmacie.

Le directeur de l'école convoque les parents de Lola car :
- Elle raconte des choses bizarres.
- Elle est tombée dans la cour.
- Elle travaille mal.

Je joue avec les mots

JEU DE MOTS

1 Margot raconte de fausses histoires : c'est une menteuse.
Retrouve **l'adjectif** qui caractérise les personnes suivantes :

triste – secret – chanceux – curieux

Il a beaucoup de chance : il est ....

Elle veut tout savoir : elle est ....

Il garde tout pour lui : il est ....

Elle pleure souvent : elle est ....

2 Écris le **féminin** ou le **masculin**.

Une fille menteuse : un garçon ....

Une fille peureuse : un garçon ....

Un garçon joyeux : une fille ....

Un garçon ennuyeux : une fille ....

3 On dit : « *Mentir, comme un arracheur de dents.* » Relie pour reconstituer les **expressions** existantes. (Tu peux t'aider d'un dictionnaire.)

Parler •	• sa langue au chat
Donner •	• comme un champignon
Pousser •	• comme une pie
Gagner •	• sur ses deux oreilles
Dormir •	• les doigts dans le nez

Je découvre le monde

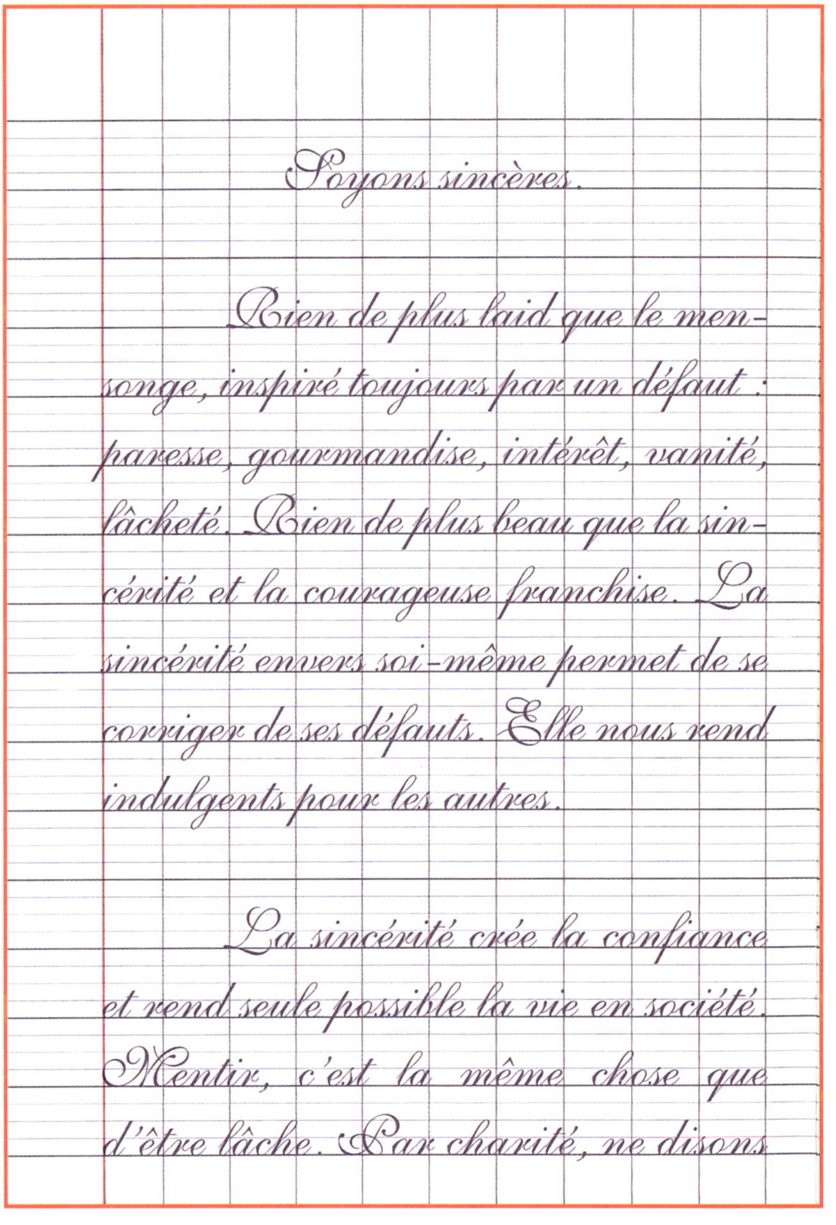

Soyons sincères.

Rien de plus laid que le mensonge, inspiré toujours par un défaut : paresse, gourmandise, intérêt, vanité, lâcheté. Rien de plus beau que la sincérité et la courageuse franchise. La sincérité envers soi-même permet de se corriger de ses défauts. Elle nous rend indulgents pour les autres.

La sincérité crée la confiance et rend seule possible la vie en société. Mentir, c'est la même chose que d'être lâche. Par charité, ne disons

1 Qui a pu écrire ce document ?

....

2 Quand ce document a-t-il été écrit ? (Entoure la bonne réponse.)

il y a longtemps – il n'y a pas longtemps – hier

pas inutilement aux autres des vérités qui leur feraient de la peine. La franchise ne doit pas être de la malveillance ou de la brutalité.

Copier c'est tricher, c'est voler une récompense, c'est manquer à l'honneur.

Aimons par-dessus tout la sincérité, la droiture. Tenons nos promesses, faisons honneur à nos engagements. Soyons vrais.

Cahier de morale, année 1950, Claude Taudin, © Encre Violette.

3 Comment peut-on le deviner ?

....

....

....

Date : ....

Ouh !
La menteuse !

Je lis aussi

Le garçon qui criait toujours au loup

Un petit berger qui passait ses journées à s'ennuyer en gardant son troupeau eut un jour une idée pour se distraire. Il cria de toutes ses forces « Au loup, au loup ! » Tous les villageois accoururent pour se porter à son secours. Mais la farce avait si bien marché que le petit berger s'en amusa pendant des semaines entières. Un beau jour, un vrai loup apparut. Le garçon hurla forces « Au loup, au loup ! » mais personne ne vint à son secours et tout son troupeau disparut.
On ne croit pas les menteurs, même quand ils disent la vérité.

Les Fables d'Ésope, Éditions Mango, 1994.

1 Ce texte est une **fable**. En connais-tu d'autres ?

2 Quel est le mensonge du berger ?

3 Comment se termine la fable ?

4 Recopie la dernière phrase de la fable.

Vrai ou faux ?

Coche la bonne réponse.

	V	F
1. Le personnage principal de l'histoire est une petite fille qui s'appelle Lola.	☐	☐
2. Margot a disparu de l'école.	☐	☐
3. Lola a été emmenée d'urgence à l'hôpital.	☐	☐
4. Margot travaille dans une pharmacie.	☐	☐
5. Lola est la cousine de Margot.	☐	☐
6. Margot promet à sa Mamie de ne plus raconter de mensonges.	☐	☐
7. La mère de Lola a écrit aux parents de Margot.	☐	☐
8. Le directeur de l'école a convoqué les parents de Margot.	☐	☐
9. Margot habite dans un hôtel avec ses parents.	☐	☐
10. Les parents de Margot sont contents que Margot raconte des histoires.	☐	☐

Date : ....

Ouh ! La menteuse !

partie 2
pp. 94-113

Je découvre l'histoire

1 Complète le tableau en t'aidant des couvertures des livres suivants.

© Tony Ross/Gallimard Jeunesse

© Calligram

	Titres	Auteurs	Éditeur
1	....	....	....
2	....	....	....
3	....	....	....

Je lis et je dis

1 **Relis l'extrait suivant (page 105).**

« C'est un rhume de hanche.
– Vous avez déjà vu une hanche éternuer, vous ? a dit la maman qui croyait que le médecin était encore plus blagueur que sa fille.
Je ne plaisante pas, madame, c'est une réaction inflammatoire qui se localise sur les hanches à la suite d'une agression virale, ou pour être plus simple un microbe qui s'installe parfois chez les enfants après un gros rhume. »

2 **Entoure en rouge ce que dit la maman.**

3 **Entoure en bleu ce que dit le médecin.**

4 **Comment parle la maman ? (Souligne la réponse qui convient.)**

Elle est en colère. Elle est moqueuse.

Elle est triste. Elle est inquiète.

5 **Comment parle le médecin ? (Souligne la réponse qui convient.)**

Il est sérieux. Il est en colère.

Il est triste. Il est moqueur.

Je comprends

LE TEXTE À LA LOUPE

1 Quel est le **résumé** de notre histoire ? (Coche la case qui convient.)

Margot rentre de l'école. Son papa et sa maman l'attendent pour l'emmener à l'hôpital où elle travaille chaque jour. Lola vient la voir et les deux cousines s'amusent à raconter des histoires au médecin.	❐
Margot rentre chez elle, ses parents n'ont pas l'air contents. Un matin, elle hurle de douleur mais personne ne la croit... et si Margot disait vrai ?	❐
Margot rentre chez elle, ses parents n'ont pas l'air contents. Un matin elle se réveille ses parents ont l'emmènent à l'hôpital pour soigner son envie de raconter des bêtises.	❐

2 Entoure ce qui correspond à l'histoire.
Margot hurle parce que :

Elle voit des loups dans la classe.
Sa maman l'a grondée.
Le directeur de l'école l'a punie.
Elle a mal partout surtout aux jambes.
Sa cousine l'a mordue.

3 Recopie la réponse qui convient.
À la fin de l'histoire :

Margot est dévorée par les loups.
Margot est renvoyée de l'école.
Margot essaie de ne plus dire de mensonges.
Margot est punie par ses parents.

....

....

Je joue avec les mots

1 *« Ouh ! La menteuse ! »* **Trouve 3 mots qui se terminent par « -euse ».**

1. « Ouh ! La ....
2. « Ouh ! La ....
3. « Ouh ! La ....

2 **Voici les mots croisés des petits défauts. Complète la grille.**

1 : Elle ne dit pas la vérité.
2 : Elle aime beaucoup trop les gâteaux et les bonbons.
3 : Elle parle tout le temps
4 : Elle n'aime pas beaucoup travailler et faire des efforts.
5 : Elle n'en fait qu'à sa tête.

3 **Complète avec les étiquettes (page 63).**

Exemple : « Ouh ! LA MENTEUSE !... » C'est à vous dégoûter de dire la vérité !

Ouh ! LA .... !
C'est à vous dégoûter de faire le régime !

Ouh ! LA .... !
C'est à vous dégoûter de travailler autant !

Ouh ! LA .... !
C'est à vous dégoûter de ne plus avoir peur !

Ouh ! LA .... !
C'est à vous dégoûter de ne plus parler !

Date : ....

Ouh ! La menteuse !

Je lis aussi

Max est en vacances, il n'arrête pas de raconter des « bobards » : il raconte qu'il a pêché des poissons énormes, qu'il a déjà passé la 6e, qu'il plonge d'un plongeoir de 6 mètres... Tout ça pour épater son cousin Franck !

Max raconte des « bobards », Dominique de Saint-Mars, Serge Bloch, collection « Ainsi va la vie », Calligram.

1 Qu'est-ce qu'un « bobard » ? Trouve d'autres mots qui signifient la même chose.

....

2 Pourquoi Max ment-il ?

....

3 Comment peut se terminer cette histoire pour Max ?

....

Date : ....

Je découvre le monde

LE MENTEUR

Un jeu de cartes pour faire marcher toute la famille

REGLE DU JEU

Contenu

1 jeu de cartes comprenant 28 cartes "Famille" et 4 cartes "Tante Carabosse", 1 plateau de jeu.

But du jeu

Etre le premier à poser toutes ses cartes sur le plateau.

Le jeu

1. Déterminez qui va distribuer toutes les cartes. Puis, distribuez une carte à chaque joueur, à tour de rôle. Il peut arriver que certains joueurs en recoivent une de plus que les autres.
2. La planche représente tous les membres de la famille: Pépé, Mémé, Papa, Maman, Frérot, Soeurette et Bébé.
3. Il y a quatre cartes pour chaque membre de la famille ainsi que quatre cartes "Tante Carabosse" qui, elle, ne figure pas sur le plateau.
4. Les joueurs posent à tour de rôle des cartes, face cachée, sur le plateau. Ils peuvent poser une ou deux cartes, pas plus, et doivent la ou les poser sur une seule case. On joue en suivant l'ordre de la famille sur le plateau : le premier joueur joue donc sur la case "Pépé", le deuxième sur la case "Mémé", le troisième sur la case "Papa" et ainsi de suite. On joue toujours dans le sens des flèches.
5. Il faut annoncer les cartes posées. Par exemple, si c'est votre tour et que le jeu est à Mémé, posez une ou deux cartes en annonçant "une Mémé" ou "deux Mémés" suivant le cas. Même si vous n'avez pas de cartes "Mémé", posez-en une ou deux représentant n'importe quel personnage. Il faut arriver à bluffer les autres en leur faisant croire que vouz avez posé une ou deux Mémés.
6. Si un ou plusieurs joueurs ne vous croient pas, ils crient "MENTEUR".

Menteur

Si vous n'avez pas menti et que vous avez posé la ou les bonnes cartes sur la case correspondante, vous la (ou les) retournez. Celui qui a crié le premier "Menteur" ramasse tout le tas sur cette case, il prend aussi toutes les autres cartes qui suivent cette case sur le plateau, dans le sens des flèches.
Par contre, si vous avez menti et que vous aviez posé une ou deux mauvaises cartes sur la case, c'est vous qui ramassez tout jusqu'au bout du plateau, y compris la ou les cartes posée(s) sur la case où vous venez de jouer. Vous n'êtes pas obligé de les montrer aux autres.
N'importe qui peut crier "Menteur" et il arrive que plusieurs le fassent en même temps. C'est alors le premier à gauche de celui qui vient de jouer qui ramasse, si il a accusé à tort. Le joueur suivant continue le jeu en posant une carte sur la case suivante. Après la case "Bébé", recommencer avec la case "Pépé".

Cartes "Tante Carabosse"

Il y en a quatre dans le jeu. Comme il n'y a pas de case correspondante sur la planche, il faudra toujours bluffer pour s'en débarrasser.

Le gagnant

Celui qui pose toutes ses cartes le premier a gagné. C'est un bon menteur !

Avec l'aimable autorisation de Hasbro. « Le Menteur » est un jeu Hasbro, tous droits réservés.

1 D'où proviennent ces documents ?

....

2 Qui peut jouer à ce jeu ?

....

3 Quel est le nom de ce jeu ?

....

4 Explique quel est le mensonge.

....

Date : ....

Ouh ! La menteuse !

ÉVALUER

Vrai ou faux ?

Tableau comparatif des différentes histoires autour des mensonges. Complète :

© Hachette Livre

© Tony Ross/Gallimard Jeunesse

© Hachette Livre

© Calligram

Titres des histoires évoquées	Héros ou héroïnes	Les mensonges racontés	Ce qui arrive au personnage
....	....	....	....
....	....	....	....
....	....	....	....
....	....	....	....

Date : ....

Ouh ! La menteuse !

ÉVALUER

Connais-tu d'autres histoires où le héros raconte des mensonges ? Complète de la même façon avec les histoires que tu connais.

Titres des histoires évoquées	Héros ou héroïnes	Les mensonges racontés	Ce qui arrive au personnage

Dessine la couverture d'une de ces histoires.

Étiquettes
Les trois boucs

page 4

page 5

Petit Bouc	Moyen Bouc	Grand Bouc

page 7

Étiquettes

Henri tête-en-l'air

page 18

page 19

Étiquettes
Ouh ! La menteuse !

page 50

bavarde	gourmande
paresseuse	peureuse

Édition : Thierry Amouzou
Iconographie : Anne Pekny
Fabrication : Jeanne Arbousset
Illustrations : Christian Kingue Epanya, Christel Desmoinaux,
Thierry Coppée, Francine Vergeaux
Logos : Florence Delclos
Création de la couverture : Laurent Carré, Alain Boyer
Réalisation de la couverture : Nicole Le Thellec
Maquette intérieure : Michèle Bisgambiglia, Michaël Funck
Réalisation graphique : Bernard Van Geet
Photogravure : Nord Compo
Imprimé en france par MAME
Dépôt légal n° 60156 - 10/2005
Collection n° 73 - Edition n° 01
11/6509/1